Liderazgo

Habilidades Para Influenciar, Comunicar Efectivamente Y Alcanzar Objetivos

(Libro De Liderazgo Para Una Mejor Toma De Decisiones Y Éxito)

Elido Paz

Publicado Por Daniel Heath

© **Elido Paz**

Todos los derechos reservados

Liderazgo: Habilidades Para Influenciar, Comunicar Efectivamente Y Alcanzar Objetivos (Libro De Liderazgo Para Una Mejor Toma De Decisiones Y Éxito)

ISBN 978-1-989808-27-6

Este documento está orientado a proporcionar información exacta y confiable con respecto al tema y asunto que trata. La publicación se vende con la idea de que el editor no esté obligado a prestar contabilidad, permitida oficialmente, u otros servicios cualificados. Si se necesita asesoramiento, legal o profesional, debería solicitar a una persona con experiencia en la profesión.

Desde una Declaración de Principios aceptada y aprobada tanto por un comité de la American Bar Association (el Colegio de Abogados de Estados Unidos) como por un comité de editores y asociaciones.

No se permite la reproducción, duplicado o transmisión de cualquier parte de este documento en cualquier medio electrónico o formato impreso. Se prohíbe de forma estricta la grabación de esta publicación así como tampoco se permite cualquier almacenamiento de este documento sin permiso escrito del editor. Todos los derechos reservados.

Se establece que la información que contiene este documento es veraz y coherente, ya que cualquier responsabilidad, en términos de falta de atención o de otro tipo, por el uso o abuso de cualquier política, proceso o dirección contenida en este documento será responsabilidad exclusiva y absoluta del lector receptor. Bajo ninguna circunstancia se hará responsable o culpable de forma legal al editor por cualquier reparación, daños o pérdida monetaria debido a la información aquí contenida, ya sea de forma directa o indirectamente.

Los respectivos autores son propietarios de todos los derechos de autor que no están en posesión del editor.

La información aquí contenida se ofrece únicamente con fines informativos y, como tal, es universal. La presentación de la información se realiza sin contrato ni ningún tipo de garantía.

Las marcas registradas utilizadas son sin ningún tipo de consentimiento y la publicación de la marca registrada es sin el permiso o respaldo del propietario de esta. Todas las marcas registradas y demás marcas incluidas en este libro son solo para fines de aclaración y son propiedad de los mismos propietarios, no están afiliadas a este documento.

TABLA DE CONTENIDO

Parte 1 1

Introducción 2

Capítulo 1–¿Qué Se Necesita Para Ser Un Líder Eficaz?....... 4

IDEAS ERRÓNEAS DE LIDERAZGO: 4
CUALIDADES EN UN VERDADERO LÍDER 7

Capítulo 2 - Pensando Como Un Líder............................... 12

INSTINTO DE LIDERAZGO... 12
FOMENTAR LA QUÍMICA DEL EQUIPO 14
MENTALIDAD DE ESCUCHAR PRIMERO 18
CONCENTRADO EN LAS SOLUCIONES... 20
SER CONSTANTEMENTE CONSIENTE DE LA HABILIDAD DE CADA UNO 21
SEGUIR APRENDIENDO 24

Capítulo 3 - Comunicando Como Un Verdadero Líder 31

COMUNÍQUESE EN UNA MANERA ORDENADA............................. 31
MODULE SU VOZ 32
CREE PERSONALIDADES DE COMUNICACIÓN 33

Capítulo 4 - Diferentes Tipos De Líderes 36

EL QUE DEJA HACER... 36
LIDERAZGO AUTOCRÁTICO 38
LIDERAZGO TRANSACCIONAL 40
LIDERAZGO DEMOCRÁTICO.. 42
LIDERAZGO DE PERSONALIDAD 43
LIDERAZGO SITUACIONAL.. 44

Capítulo 5: Usando Sus Capacidades De Liderazgo Para Motivar A Las .... Personas

CONVIÉRTASE EN EL MODELO DEL GRUPO 46
ESTABLECER LA CULTURA DEL GRUPO. 47
COMPARTA EL ÉXITO Y LAS RESPONSABILIDADES CON LOS MIEMBROS DE SU GRUPO. 49
DAR A LAS PERSONAS LA CANTIDAD JUSTA DE LIBERTAD PARA TRABAJAR 50
SIGA RECORDÁNDOLES PARA QUÉ ESTÁN TRABAJANDO 51
HACER REUNIONES ALTAMENTE PRODUCTIVAS 52
TRABAJA CON LOS MIEMBROS DE TU GRUPO PARA QUE SEAN MEJORES. 53
MONITOREAR EL PROGRESO Y REPORTARLO 54
DAR CRÉDITO A QUIEN LE CORRESPONDA. 55

Capítulo 6 - Cómo Convertirse En Un Líder 57

APRENDE EL OBJETIVO DEL GRUPO. 57
APRENDA LAS TAREAS BÁSICAS QUE DEBEN HACERSE 58
CONOZCA LOS ACTIVOS DE SU GRUPO. 61
PONGA TODAS LAS PIEZAS JUNTAS. 63
CONOZCA LAS LIMITACIONES 64
ACEPTE LAS COSAS QUE NO PUEDE CONTROLAR 66
ELIMINE LOS FACTORES DE DISTRACCIÓN 67

Conclusión 70

Parte 2introducción 71

Introducción 72

Consejos No 1 A 5 74

CENTRARSE EN LA VERDAD 74
PÓNGASE EN CONTACTO CON SU ESTILO DE LIDERAZGO 74

Apoya A Tu Personal Creativo 75

Nunca Olvides Que Eres Un Modelo A Seguir 75

Siempre Muestra Tu Pasión 76

Consejos No 6 A 10.. 76

Siempre Se Positivo 76

Bienvenidas Contribuciones En Su Departamento................ 77
Nunca Olvides La Motivación 77

Siempre Prueba Cosas Nuevas 78

Nunca Sobre Complicar Las Cosas...................................... 79

Consejos No 11 A 15.. 79

Formar Equipo Con Otros En La Empresa 79

Cultiva El Crecimiento De Tu Equipo 80
Aprovecha El Silencioso Influyente...................................... 80

Consejos No 16 A 20.. 82

Aproveche Las Conversaciones Uno A Uno........................ 82

Confianza De Equilibrio Para Que No Se Convierta En Arrogancia.. 83
Tener Una Visión Y Perseguir Esa Visión 83
Usa Tu Compromiso Y Dedicación Para Inspirar................... 84

Nunca Temas Tomar Riesgos... 85

Consejos No 21 A 25.. 85

Saber Cómo Liderarte A Ti Mismo..................................... 85

Tú No Eres El Rey 86

Abrazar El Cambio En Un Momento................................... 86

- Siempre Terminar Un Trabajo 87
- Aprecie A Su Equipo 88
- Consejos No 26 A 30 88
- Conozca Sus Limitaciones Y Acéptelos 88
- Aprende A Reír 89
- Abrazar Ser Organizado 89
- Haz Lo Que Necesites Para Hacer El Trabajo 90
- Nunca Aceptes Que No Puedes Hacer Algo 90
- Consejos No 30 A 35 91
- Siempre Mantenga Sus Ojos Abiertos 91
- Se Justo Con Todos 91
- Permanecer Siempre Optimista 92
- Tener Una Persona Con La Que Pueda Contar 92
- Tu Equipo Es Importante 93
- Consejos No 36 A 40 94
- Escríbelo Para Ellos 94
- Escaparate De La Empatía 94
- Actuar De Una Manera Decisiva 95
- Ama A Tu Equipo 95
- Deja Que Tu Equipo Tenga El Crédito 96
- Conclusión 97

Parte 1

Introducción

Quiero agradecerle y felicitarle por descargar este libro.

Este libro contiene pasos y estrategias sobre cómo convertirse en un líder eficaz.

No existe solo un método para volverse un buen líder. Son muchos los factores que se pueden considerar a la hora de examinar su habilidad para liderar. En este libro, consideramos los factores más comunes que influencian su habilidad para convertirse en un buen líder. Discutiremos las características más importantes de un líder como así también los diferentes tipos de liderazgo. Después de considerar las diferencias de cada uno, usted será capaz de elegir el mejor estilo de liderazgo para usarlo en distintas situaciones. Aún más importante, este libro incluye un riguroso método sobre cómo también usted puede convertirse en un líder.

Al seguir las estrategias de este libro, será capaz de guiar a gente de cualquier ámbito, en cualquier situación. Reconocerá el momento indicado para tomar la iniciativa y liderar, incluso en eventos cotidianos de cada día. Este conjunto de aptitudes ayudará a enriquecer su carrera, estatus social y su vida en familia.

Vuelvo a agradecerle por descargar este libro, ¡y espero que lo disfrute!

Capítulo 1–¿Qué se necesita para ser un Líder Eficaz?

Un grupo de personas puede funcionar como una unidad solamente si tienen un líder al cual seguir. No obstante, antes que veamos los detalles sobre cómo convertirse en uno, definamos primero qué es en verdad un líder.

Todos quieren desarrollar cualidades y habilidades de liderazgo pero no todos tienen una idea clara de qué es verdaderamente un líder. De hecho, mucha gente tiene una definición incorrecta de liderazgo. Aquí hay algunas de ellas:

Ideas erróneas de liderazgo:

Una persona con un alto cargo se vuelve un líder

Mucha gente ve a la persona con el cargo más alto en el grupo como un líder. En una oficina por ejemplo, el cargo más alto puede ser el Gerente de sucursal. La persona en esta posición pudo no llegar ahí necesariamente a causa de sus grandes aptitudes de liderazgo. Pudo haber tenido mejores credenciales en comparación con otros aspirantes para el trabajo. Si el gerente fue contratado desde dentro de la compañía, pudo haber sido debido a otras cualidades además de las de liderazgo. La persona en el cargo pudo haber sido el mejor de la sucursal y ser elegido en base a un desempeño que no tenga que ver con el liderazgo. En resumen, gente con altos cargos en una organización o empresa no siempre tienen destacadas cualidades y habilidades de liderazgo.

La persona que siempre habla al grupo es el líder.

La mayoría de los grupos consideran como líder a la persona que siempre está hablando. Sin embargo, este no siempre es el caso. Algunas personas tienen buenas aptitudes para hablar en público pero no son necesariamente buenos líderes. La gente puede escucharlos porque son entretenidos o divertidos pero al final, ellos pueden no hacer caso a lo que éstos digan.

Un líder es mucho más que una posición o un cargo, o alguien con la habilidad de hablar a un grupo de personas. Un líder eficaz tiene las habilidades y cualidades para hacer que la gente los siga. La función más básica del líder es motivar o inspirar a las personas a realizar tareas de manera eficiente con el fin de que el grupo alcance sus metas. Si quiere convertirse en un líder, debe aprender las cualidades que son comunes a los verdaderos líderes.

Cualidades en un verdadero líder

Habilidad para la resolución de problemas

Los verdaderos líderes tienen la habilidad de identificar los problemas con los que se enfrenta el grupo y crear soluciones para estos problemas. Pueden no siempre resolver estos problemas por su cuenta. A veces, pueden utilizar los conocimientos y habilidades de quienes tiene a cargopara resolverlos.

Es común en gente con autoridad el culpar a otros cuando aparecen problemas. Un líder efectivo encuentra al culpable después. El primer objetivo es resolver el problema antes que perjudique al grupo y sus metas.

Un camino para alcanzar las metas

Un líder promueve la obtención de los objetivos del grupo. El afán del líder por llegar a la meta del grupo a menudo viene de un deseo personal de alcanzar sus propias metas. Esta motivación puede ser diferente para cada persona. Una persona puede ser motivada por la idea de ser el mejor en lo que hace, mientras que otra puede ser motivada por la competencia o por una ganancia monetaria.

Usted debe encontrar los elementos que lo motivan a alcanzar sus metas. Recordárselos constantemente lo ayudará a seguir motivado para alcanzar sus metas. Cuando se convierta en un líder, será capaz de transferir su motivación al equipo de personas que lo siga. Al ver su trabajo, ellos también estarán motivados a trabajar duro en dirección a los objetivos del equipo.

Una visión para el equipo
Un líder tiene una visiónconcreta del grupo trabajando eficientemente hacia una meta. Si el grupo es un equipo de baloncesto, la visión del líder puede ser un

equipo con múltiples trofeos. Pueden también visualizar al equipo jugando de manera correcta, con una técnica perfecta ymucha práctica reflejada en su forma de jugar.

El líder nunca abandona esta visión. Algunos miembros del grupo pueden perder de vista algunas cosas en el camino, pero el líder debe permanecer firme. Es importante para el líder crear métodos sobre cómo mantener esta visión en su mente y cómo comunicarla al equipo.

Una idea ordenado de los procesos y acciones

El líder debe ser capaz de tener una visión global del recorrido del grupo hacia sus metas. Para la mayoría de las personas, la tarea de alcanzar metas importantes puede ser abrumadora. El número de factores que potencialmente pueden afectar a los resultados puede confundir hastaa las personas mas brillantes. Un líder eficaz mantiene todo organizado, siempre sabiendo dónde se encuentra el equipo en su camino, y qué se necesita hacer para llegar a la meta.

Experiencia en la industria
Un líder de verdad no puede convencer a otros a seguirle si no tiene mucha experiencia en la industria donde lidera. Por ejemplo, un entrenador de baloncesto no ganará fácilmente el respeto de sus jugadores si no tiene mucha experiencia jugando o dirigiendo. Incluso aunque tenga buenas ideas sobre cómo mejorar el grupo, los jugadores pueden no hacer caso a lo que dice.

Si se quiere convertir en un gran líder, debe empezar por ganar experiencia en el ámbito donde quiere liderar. Mientras más tiempo y esfuerzo invierta en esta industria, tendrá mas credibilidad.

Humildad

Muy posiblemente la cualidad mas importante que puede tener un líder es la humildad. No el tipo de humildad exterior que expresamos para no parecer engreídos, sino mas bien una humildad interior. El reconocer y aceptar que no lo sabemos todo y hay algo paraaprender de cada situación, consejo, conferencia, etc.

Un líder de verdad acepta comentarios de otros, los evalúa sin importar la posición que tenga quien los brinde. No lo hace porque piense que la otra persona sea mejor que él, sino porque por la mas mínima posibilidad que algo pueda ser aprendido de ello, valdrá la pena.

Capítulo 2 - Pensando como un líder

Muchas de las tareas que un líder debe realizar, pasan primero en su mente. Para convertirse en un líder eficaz, debe aprender a pensar como un líder:

Instinto de liderazgo

Un líder sabe cuándo liderar y cuándo seguir. La mayor parte de la gente que es muy impaciente para ser el líder del grupo, a menudo se crean la imagen de tener hambre de poder.

Necesita esperar el momento indicado paraasumir un cargo de liderazgo. Si llegaa un puesto formal de liderazgo, puede empezar a trabajar de inmediato en conseguir lo que le hace falta para dicho cargo. Aunque hay veces en las que una persona quien no está en una posición de liderazgo debe dar un paso adelante y dirigir. Esto puede ocurrir cuando la persona con el rol de líder prueba ser incompetente. En este caso, este líder no sera capaz de guiar las acciones de los miembros del equipo paraalcanzar las metas del grupo.

Si este es el caso, debe evaluar si sus capacidades y cualidades coinciden con los mencionados en el primer capítulo. Si es así, debe tomar la iniciativa y asumir el rol de liderazgo por el bien del equipo y sus metas. Tome la responsabilidad de motivar al equipo a trabajar en busca de las metas en vez de depender en una persona incompetente en una posición de poder.

Cuando usted toma un rol de líder de manera proactiva, necesita usar sus instintos para evitar ofender a la gente en la posición de liderazgo. La mayor parte del tiempo, las personas naturalmente aptas para ser líderes hacen sentir amenazadas a los demás. Por ejemplo, en una compañía, si usted es carismático y fácil de agradar, mientras que su gerente no lo es, eventualmente él puede sentir que usted está tras su puesto. En este caso, su destreza de liderazgo vaa jugarle en su contra.

Debe usar sus instintos para, de manera precisa, predecir si su jefe se sentirá amenazado cuando usted asuma el rol de liderazgo. Si este fuera el caso, es sabio ser discreto a la hora de usar sus aptitudes de liderazgo. Es muy importante garantizarle a su jefe que su única preocupación es asegurar que el grupo alcance sus objetivos.

Fomentar la química del equipo

Para ser un líder eficaz, necesitaasegurarse que haya química en el funcionamiento del grupo. La química grupal se refiere a la eficacia de cada individuo al trabajar en grupo. Si el grupo tiene la química correcta, los resultados serán obtenidos en colaboración: alcanzar objetivos que no serían posibles si se trabajan de manera individual.

Muchos factores pueden desequilibrar la química del equipo. Uno de los más importantes es la relación entre los miembros del equipo. Si los miembros están peleando constantemente, estarán lejos de trabajar juntos de una manera efectiva. El entorno social es suficiente para distraerlos. Entonces es la responsabilidad del líder del equipo el observar las relaciones entre sus miembros. El líder puede proveer consenso entre las partes en disputa paraaliviar la tensión. No obstante, los miembros del equipo probablemente tomaran este 'consenso' de manera efectiva si anteriormente han establecido respeto por el líder.

El líder también debe asegurarse que el equipo tenga un objetivo en común y vigilar cualquier distracción de éste. Si una sola persona esta distraída, esto puede arruinar la química de todo el equipo.

En la mayoría de las tareas que requieren esfuerzo de equipo, la sincronización es un factor importante. En el fútbol americano por ejemplo, el trabajo del quarterback es hacer sus pase en el momento correcto. Al mismo tiempo el receptor debe correr a la velocidad adecuada para ser capaz de atrapar el balón. El quarterback puede perder su oportunidad de pase y decidirse por una jugada menos efectiva. Si el receptor esta distraído, puede que no corra lo suficientemente rápido paraatrapar el balón o hasta puede cometer algún error. Si cualquiera de los dos esta distraído de alguna forma, habrá una falta de química en la jugada y esta fallara. Es la tarea del entrenador la de asegurarse que todos los jugadores del equipo estén en la misma sintonía.

La sincronización es un factor importante también en el mundo de los negocios. En un simple restaurante por ejemplo, debe existir comunicación entre todos los empleados paraasegurar que todas las órdenes de comida sean llevadas a cabo en su debido tiempo. Sin comunicación entre el cocinero, los meseros y los demás, algunas ordenes se pueden demorar. Si un mesero no esta concentrado en lo suyo, puede ser que no entregue las ordenes de comidaa tiempo. Si el cocinero esta distraído puede tardar mucho en preparar la comida, o incluso cometer errores en la cocina. Es el rol del gerente asegurarse que todos estén concentrados en las tareas necesarias.

Si cada miembro esta concentrado en su propia tarea, habrá química en el equipo.

Los miembros serán capaces de permanecer concentrados si son conscientes de cuan importante es su rol en la contribución del éxito del equipo. Si no creen que tienen un rol importante en el grupo, no se esforzaran al cien por ciento en su tarea. Es el trabajo del líder comunicarse de una manera efectiva con los miembros del equipo paraasegurarse que tienen la mente puesta en el lugar correcto.

Mentalidad de escuchar primero

En primer lugar, un líder trata de entender cadaaspecto de una situación antes de actuar. Por ejemplo, cuando existe un conflicto entre dos miembros del grupo, el líder no escoge un lado. Primero debe escuchar a las dos partes para tomar una decisión. Solo entonces el conflicto se resuelve.

Un líder eficaz toma laactitud de escuchar primero en todas las situaciones. Cuando un líder es nuevo en su posición, no realiza ningún cambio inmediato sin consultarlo con el grupo. Cuando todos dieron su opinión el líder tomará decisiones importantes.

Antes de implementar cualquier cambio importante, un buen líder primero busca las opiniones de quienes serán mas afectados por los cambios a realizarse. También puede buscar consejo de terceros expertos para tener una perspectiva diferente de la situación a manejar. Esto ayuda a prevenir que el líder tenga una visión de túnel. En un estudio de productividad, se encontró la visión de túnel ocurre cuando un individuo esta tan concentrado en el proyecto que puede ignorar el hecho de que algunas soluciones requieren de un pensamiento fuera de la caja.

Concentrado en las soluciones

Los líderes eficientes tienen una mente puesta en la solución. Cuando hay una meta, tratan de encontrar la manera mas dinámica paraalcanzarla. Si hay limitaciones que evitan al grupo alcanzar el objetivo, el líder identifica inmediatamente el problema y trata de resolverlo de la manera mas eficiente.

Hay muchas cosas que distraen a los líderes que son incompetentes. Algunos se esfuerzan en echar la culpaa otras personas en un intento de quedar bien con su supervisor. Otros buscan distracciones para evitar tener que lidiar con el problemaal que se enfrentan. Al hacer esto pierden tiempo priorizando tareas menos urgentes o menos importantes.

Un buen líder no hace ninguna de estas cosas. Su primer pensamiento al oír de un problema es buscar una solución. Para los líderes de verdad, no hay tarea mas importante que la que es de ayudaal grupo paraalcanzar su objetivo de forma eficiente.

Ser constantemente consiente de la habilidad de cada uno

Los líderes son básicamente administradores de capital humano. En economía, el capital humano se refiere a las habilidades y conocimientos de los trabajadores que ayudan a llegar a la meta. Un líder debe ser consiente de lo que sus seguidores son capaces de hacer. Debe estar constantemente observando a los miembros del grupo en busca de talentos y habilidades desconocidas.

Entonces el líder debe decidir dónde usar esas habilidades y conocimientos para que el grupo alcance sus objetivos. Es importante que el líder tenga una mente abiertaa la hora de buscar talentos ocultos en las personas. Debe creer que cada persona es excepcionalmente inteligente para ciertos aspectos.

En un salón de clases por ejemplo, el profesor es tomado como el líder del grupo. El profesor debe inspirar y motivar a los estudiantes aalcanzar su máximo potencial académico. Mas importante, es su trabajo prepararlos para un empleo o para seguir educándose. Muchos profesores que no son buenos líderes se esfuerza menos en enseñar a los estudiantes a los cuales no les va bien en clase. Se concentran en los estudiantes que que tienen un buen rendimiento.

Un mejor profesor enfrentaría el problema con una mentalidad de líder. No ignoraríaa los estudiantes con bajo rendimiento. En lugar de etiquetarlos como no inteligentes, asumiría que sus aptitudes y talentos están en otras áreas de la vida que no se relacionan con los temas de su clase. Un estudiante con bajo rendimiento en su clase de matemáticas puede ser bueno en estudios de lengua. Un estudiante a quien no le va bien en física puede tener talento en áreas de ciencia o informática.

El profesor que piensa como líder, hace su mejor esfuerzo en descubrir los talentos ocultos en los estudiantes y los alientaa seguir carreras relacionadas con sus habilidades.

Los líderes en otras organizaciones también hacen lo mismo. Incluso desde antes de estar en un rol de liderazgo, observan a las personas, las fortalezas y debilidades de cada uno. Cuando el líder asume su rol, usa su conocimiento de las habilidades de cada persona paraayudar al grupo a trabajar en dirección a la meta sin muchas complicaciones.

Seguir aprendiendo

Un líder acepta que siempre se puede mejorar. No dejan que los éxitos del pasado alimenten su ego. Paraasegurar que estas habilidades de liderazgo permanezcan firmes, un líder busca constantemente oportunidades para ganar conocimiento, experiencia y nuevas habilidades.

Existen muchas formas por las que alguien puede mejorar sus habilidades de liderazgo. Algunas consisten en:

Encuentre sabiduría en los libros
Puede aprender sobre liderazgo al leer libros como este. Libros sobre autocrecimiento proporcionan información confiable para empezar su camino hacia convertirse en un líder. Puede que no use toda la información de un libro, pero si se obtiene incluso un poco de información o alguna técnica nueva,

usted sera mejor de lo que eraantes. Los libros al menos le señalan la dirección correcta.

Cuando lee sobre liderazgo, a veces puede encontrar información importante y no estar preparado aún paraaprenderla. A veces, sin querer tildamos esta información de no ser importante. Sin embargo, al leer cierto material muchas veces, se puede descubrir el valor de la información. Haciendo una colección de sus libros de liderazgo favoritos y explorarlos en su tiempo libre es una forma excelente de estar en lo mas alto. Volver a sus libros favoritos puede sacar información que puede serle útil en su situación actual.

Encuentre un mentor y sígalo
Una de las mejores maneras para que los principiantes obtengan habilidades y experienciaadecuadas es seguir a un

mentor. Encontrar a un mentor no es siempre fácil, pero definitivamente vale la pena. Esta es una persona que ha tenido éxito en el área de trabajo que usted desea realizar. Su mentor debe tener las cualidades que usted desea obtener. Si quiere convertirse en un líder carismático, debe buscar una persona carismática de la cual puedaaprender.

Al trabajar y aprender con un mentor, una persona sera capaz de aprender la mejor forma de ser un líder en la industria. Podrá aprender nuevos conceptos al instante, los cuales por su cuenta podrían llevar una gran cantidad de pruebas y errores. Ahorrara una gran cantidad de tiempo evitando malos hábitos.

Una buena regla para seguir a la hora de encontrar al mentor adecuado es la regla del 10%. Esta es, encuentre una persona con la cual usted estaría satisfecho con tener el 10% del éxito que aquella persona haya logrado y siga cada cosa que le aconseje.

De gran manera despreciamos consejos que otros tienen para ofrecernos. Es verdad que la mejor manera de aprender es a través de los errores, pero nadie dijo que tienen que ser los nuestros.

Participe
Otra manera de mejorar sus habilidades de liderazgo es participar en actividades nuevas que ayuden a ganar experiencia. Muchas personas evitan las tareas mas difíciles en la empresa. Estas personas hacen la mínima cantidad de trabajo posible esperando un cheque al final de cada semana. Con esta mentalidad nunca se volverán líderes. Si usted quiere convertirse en un líder en su empresaalgún día, debe hacer frente a las tareas difíciles en lugar de esconderse de

ellas. Cuando sus jefes vean que pueden confiar en usted con tareas que la mayoría de la gente evitaría, es mas probable que lo tomen en consideración para futuros ascensos.

También resulta beneficioso buscar experiencia en lugares fuera de su lugar de trabajo. Puede hacer voluntariado en organizaciones sin fines de lucro en su tiempo libre. Haciendo esto, puede observar cómo funcionan otros grupos, aprendiendo metodologías adicionales de liderazgo distintas de las de su compañía.

Por último, usted debe ser el primero en dar un paso adelante cuando se requiere un líder. Incluso en un grupo informal debe tomar la iniciativa cuando le parezca que se necesita un líder. Digamos que se encuentra de campamento con unos amigos. Tan pronto llegan al lugar, inmediatamente todos se ponen a explorar sin preparar el campamento.

Diferentes tipos de personas reaccionan de diferentes maneras en esta situación. Algunos se enojan porque nadie hace nada. Algunos hacen todo el trabajo esperando que los otros miembros del grupo se inspiren para trabajar.

En vez de enojarse o hacer todo el trabajo por su cuenta, lo mejor es llamar a todos a una reunión. Entonces debe pedir voluntarios para las tareas que se necesitan realizar. Al buscar activamente experiencias en liderazgo, podrá practicar en un ambiente informal. Esto le ayudaraa convertirse en líder cuando no tiene un título profesional que lo respalde.

Comparta su conocimiento
Puede olvidar muchas aptitudes que gane si deja de practicarlas. Debe recordarse a usted mismo constantemente las

importantes lecciones que aprende a través de su carrera. Una de las mejores manera de hacerlo es compartiendo su conocimiento con personas que lo admiren.

Cuando se convierta en un mejor líder, algunas personas lo verán como un mentor. Debe aceptar estas ganas de aprender pasando sus conocimientos cuando sea necesario. Haciendo esto, usted estará creando nuevos líderes. Ver a estos futuros líderes actuar refrescara su memoria y mantendrá sus habilidades en liderazgo consolidadas. Si posee la compañía, también sera capaz de formar futuros líderes para contribuir al mejoramiento de su compañía.

Capítulo 3 - Comunicando como un verdadero Líder

Tener buenas habilidades de comunicación es obligatorio si quiere convertirse en un líder. Tener esta herramienta mejorara en gran medida su habilidad para motivar e influenciar a otros.

Comuníquese en una manera ordenada

Debe asegurarse que la información presentada esté organizada. Aún si tiene aalguien que escriba sus discursos por usted, sería prudente examinarlos. Esto garantizara que quienes lo escuchen entenderán lo que usted esta diciendo.

Existirán muchas ocasiones en las que necesitara comunicarse con el grupo. Antes de cada reunión debe organizar mentalmente todos los temas que vaa tratar. Si tiene problema recordando alguno de estos asuntos, debe escribirlos. Ademas, trate de evitar desviarse de los tópicos preparados. Todos estos pasos pueden parecer innecesarios, pero garantizan que en la reunión no surjan inconvenientes.

Module su voz

Una voz modulada de forma correcta puede ser un valioso recurso para los líderes. Por si no lo ha notado, usualmente los presidentes tienen una voz profunda. Incluso las mujeres que se presentan como candidatas intentan hablar de la misma manera. Usted debe modular su voz de la misma manera si quiere convertirse en un buen líder. Debe practicar hablando con una voz ligeramente mas profunda, pero que al mismo tiempo suene fuerte y seguro. A pesar de que tener esa cualidad al hablar puede ser bueno, si trata demasiado hacer sonar su voz de esta manera puede sonar de una forma poco natural y terminar siendo poco efectivo.

En general, la gente asocia una voz profunda como una característica de liderazgo. Debe usar esta voz cuando hable en público. Usarla en el contexto adecuado creara una imagen de autoridad.

Cree personalidades de comunicación

Hay momentos en los que debe mostrarse como unaautoridad y momentos en los cuales debe mostrarse como un amigo frente a las persona con las que interactúa. Como el jefe de la compañía por ejemplo, puede necesitar mostrarse de un humor alegre hace frente a inversores y clientes de la compañía. A la horade corregir el trabajo deficiente de un empleado, necesitaadoptar un gesto mas serio.

Un líder necesita crear personalidades paraadaptarse a esta situaciones. La mayor parte de los líderes desarrollan estos personajes durante toda una vida de experiencia. Es posible crear estas personalidades a conciencia mediante la practica.

Usted debe, por lo menos, tener una personalidad feliz y una seria. Su cara debe cambiar por completo con estas personalidades. Puede sonar extraño, pero una manera eficaz de crear estas caras es cambiar sus expresiones faciales frente a un espejo. Esto es importante, porque si lo hace de una manera incorrecta fallara en crear una expresión convincente.

Cualquiera puede fingir una sonrisa para parecer feliz, pero son los ojos los que muestran las verdaderas emociones. Cuando se encuentre practicando debe asegurarse de que su cara coopere en su totalidad. Debe ser capaz de hacer que sus ojos luzcan felices a voluntad.

También debe practicar su expresión seria. Esta personalidad entrara cuando usted esté dando instrucciones y órdenes importantes a la gente que lidera. Algunas personas tienen expresiones faciales felices de manera natural. Esto no siempre es malo, pero al momento de ser serios, tener expresiones faciales felices puede dar la impresión de ser alguien de quien se pueden aprovechar. Como con su cara feliz, su expresión seria se reflejara en sus ojos.

Capítulo 4 - Diferentes tipos de Líderes

Existen muchos estilos de liderazgo. En esta situación, discutimos algunos de los más comunes.

El que Deja Hacer

Este estilo de liderazgo permite a los empleados o miembros del grupo hacer lo que les plazca. Esta forma de liderazgo requiere poco tiempo del líder. Debido a que los miembros no reciben suficiente supervisión de sus superiores, los que tienen un desempeño deficiente continuarán de esta manera. No están recibiendo los comentarios necesarios para mejorar sus acciones.

Esta forma de liderazgo también sufre en proyectos a largo plazo. Cuando el proyecto demore más de lo esperado, la moral del grupo se verá afectada. Ya no estarán motivados para trabajar.

Debido a que el líder no presta atención a las acciones de los miembros, el uso de los recursos tampoco se regulará. Nadie está controlando el panorama general del proyecto ni monitoreando los factores que importan, como la producción de los miembros y los recursos utilizados por la operación. Esto resultará en una ineficiencia e incluso en el fracaso del grupo para alcanzar sus metas.

Este no es el estilo de liderazgo ideal para la mayoría de las situaciones. Sin embargo, debido a que usted está desarrollando sus habilidades de liderazgo, debe identificar a los líderes de este estilo a su alrededor. La mayoría de las personas en una posición de liderazgo, sin las habilidades requeridas, por lo general terminan realizando este estilo de liderazgo.

Cuando se encuentre trabajando para un líder de este tipo, debe asumir proactivamente algunas de las tareas de liderazgo. Debido a que no está en la posición para liderar, no podrá obligar a los miembros a hacer lo que usted diga. Sin embargo, podrá realizar algunas de las tareas que el líder no está realizando.

Por ejemplo, puede asumir la tarea de controlar la productividad de los miembros y el uso de los bienes. Luego puede hablar con los miembros que se están desempeñando de una mala manera sobre cómo pueden mejorar sus habilidades. De esta manera, podrá motivarlos a hacer un mejor trabajo.

Liderazgo Autocrático

Un líder autocrático, por otro lado, lidera sin considerar las opiniones de los demás. Este tipo de líder toma todas las decisiones. Los líderes adoptan este tipo de liderazgo cuando son demasiado impacientes para considerar las ideas de otras personas. La mayoría de los líderes que usan este estilo de liderazgo generalmente tienen una fuerte personalidad. También pueden tener dificultades para confiar y comunicarse con los miembros de su grupo.

Este estilo de liderazgo se vuelve exitoso si el grupo tiene un líder excelente. Si el líder usa este estilo todo el tiempo, necesita tomar las decisiones correctas para que el grupo alcance sus metas. Si el líder elige constantemente la decisión equivocada, el rendimiento del grupo se verá afectado.

Este estilo de liderazgo también disminuye la contribución de los miembros creativos. A las personas creativas generalmente no se les permite seguir estrategias que creen que son mejores que las que se están implementando. Estas personas pueden sentir que su potencial no está siendo plenamente aprovechado por el grupo. Como resultado, pueden estar descontentos con el proceso y pueden sentir la necesidad de abandonar el grupo.

Liderazgo Transaccional

Este estilo de liderazgo se basa recompensas y castigos para motivar a las personas a trabajar. Los miembros del grupo estarán motivados para trabajar si las recompensas por las que están trabajando son importantes para ellos. Al mismo tiempo, intentan evitar sufrir los castigos.

La mayoría de las empresas trabajan de esta manera. Recompensan a los empleados que trabajan bien con bonos y promociones. También puede haber premios que demuestren las excelentes habilidades y el rendimiento de la persona. Los castigos suelen ser en forma de degradaciones.

Este método es efectivo cuando los miembros del grupo ponen un alto valor en las recompensas. Si no consideran que las recompensas son valiosas, no estarán motivadas a trabajar más duro para lograrlas. También deberían temer el castigo. El miedo al castigo debería hacer que trabajen más duro.

El líder también debe asegurarse de que las reglas para otorgar recompensas y castigos no puedan ser burladas. Si los miembros piensan que el sistema no es justo, ya no participarán en el proceso. Solo funcionarán sin considerar el sistema de castigo y recompensa.

Este método de liderazgo se vuelve ineficaz si el sistema de dar recompensas no es sostenible. Si la organización pierde la capacidad de dar valiosas recompensas, los miembros del grupo ya no seguirán al líder.

Liderazgo Democrático

En contraste con el estilo de liderazgo autocrático, los líderes democráticos permiten a los miembros del grupo participar en el proceso de toma de decisiones. La mayoría de los líderes de este tipo, permiten a los miembros que se verán afectados por la decisión de hacer lo que sea necesario.

Este estilo de liderazgo tiene éxito solo cuando hay tiempo suficiente para tomar una decisión. Informar a todos los miembros de la organización acerca de la decisión y solicitar su opinión requiere mucho tiempo. Los líderes no siempre tienen el lujo del tiempo.

Sin embargo, este estilo de liderazgo saca a relucir lo mejor entre los miembros creativos del grupo. A veces, los miembros del grupo tendrán mejores ideas que el líder. Un líder democrático reconoce esto al permitir que las personas expresen sus ideas.

Esta forma de liderazgo también es importante si hay grandes cambios en el grupo o en la organización. Si las decisiones que se tomen afectarán a los empleados o los miembros del grupo, se sentirán indiferentes si no se escuchan sus opiniones. Debido a que los líderes democráticos consideran sus aportes, este estilo de liderazgo les permite a los miembros aceptar mejor el cambio.

Liderazgo de Personalidad

Algunas personas lideran a través de su imagen y personalidad en general. Utilizan su reputación en el grupo para motivar a las personas a trabajar. Esta es también una forma efectiva de liderar. Los políticos, por ejemplo, diseñan toda su personalidad para que parezca agradable a un gran número de personas. Esto permite a los presidentes ganar las elecciones nacionales y motivar a todo un país.

También debe tratar de mejorar su imagen general y su personalidad para que sea agradable a los miembros de su grupo. Puede ajustar su personalidad pública para crear una buena impresión en las personas que conoce. Las habilidades de comunicación discutidas anteriormente deberían poder ayudarle a mejorar.

Liderazgo Situacional

Este es el estilo de liderazgo ideal. Este estilo se ajusta a las necesidades de la situación. En el mundo real, los factores que rodean las decisiones de liderazgo nunca son constantes. Debido a esto, un líder debe saber cómo adaptar su estilo de liderazgo de acuerdo con las necesidades de la situación.

El líder situacional aprende los pros y los contras que vienen con cada uno de los estilos de liderazgo sugeridos anteriormente. Analizan cada situación y aplican el mejor estilo de liderazgo que ayudará al grupo a alcanzar sus metas.

Si el tiempo es corto para tomar una decisión, el líder situacional puede usar el estilo de liderazgo autocrático. Si hay una necesidad de consenso público dentro del grupo, el líder situacional usa el estilo democrático. Al aplicar el estilo de liderazgo correcto basado en la situación, los líderes efectivos también intentan desarrollar sus personalidades para que puedan practicar el liderazgo de la personalidad cuando sea necesario.

Capítulo 5: Usando sus capacidades de Liderazgo para motivar a las personas

La habilidad del líder para motivar a sus seguidores es su habilidad más importante. Puedes desarrollar esta habilidad practicando estos consejos:

Conviértase en el modelo del grupo.

Al motivar a las personas que le rodean, debe comenzar con usted mismo. Debe mantener su propia motivación en un nivel alto. Si las personas que le rodean ven cuán motivado está usted, pueden abordar el trabajo del proyecto con el mismo nivel de motivación.

Es común que los empleados se relajen cuando ven que su jefe no es un duro trabajador. El líder de la organización generalmente establece la ética de trabajo de todo el grupo. Debe considerar esto cuando intente motivar a los miembros del grupo. Si sus miembros ven que usted está trabajando arduamente para lograr el objetivo del grupo, la mayoría de ellos también se sentirán motivados a hacer lo mismo.

Algunos de los miembros de su equipo le están observando activamente para aprender de usted. Si ven que está entusiasmado en hacer su trabajo, también imitarán eso. Debe ser profesional y trabajar duro en todo momento, especialmente en presencia de los miembros de su grupo.

Establecer la cultura del grupo.
Al convertirse en el modelo a seguir para el grupo, también está estableciendo su

cultura. En la mayoría de los casos, la personalidad del líder influye en todo el grupo. Si el jefe de la compañía es un aficionado al ejercicio, muchos de los miembros más jóvenes también comenzarán a entrenar. Si llega temprano todos los días, algunos miembros también se sentirán motivados a hacer lo mismo.

Debe pensar en la cultura de la empresa o grupo que desea establecer en el grupo. Entonces debe practicar activamente esta cultura cuando el grupo se reúna. Si desea un sentido de comunidad del grupo, debe fomentar las interacciones entre los miembros. Si quiere que todos actúen de una manera profesional, también debe mostrar los mismos niveles de profesionalismo de manera constante.

Comparta el éxito y las responsabilidades con los miembros de su grupo.

Cuando un líder delega tareas a sus miembros, él o ella está mostrando confianza. Debe delegar parte de su trabajo a las personas que tienen la habilidad suficiente para lograrlo. Si tienen éxito, debería darles más responsabilidades. Al compartir responsabilidades, está desarrollando las habilidades y la confianza de los miembros de su grupo.

También libera algo de su tiempo. En lugar de trabajar en las tareas que delega, usted puede trabajar en cosas que solo el líder puede manejar.

Cuando delegue tareas, también debe asegurarse de compartir el crédito por el éxito. Líderes ineficaces acaparan todo el éxito del grupo. Si acapara todo el éxito, la gente no trabajará duro para usted en el futuro.

Para evitar esto, debe mencionar a todas las personas que lo ayudaron a alcanzar el éxito. También debe asegurarse de que las promociones y otras formas de recompensas se destinen a las personas que ofrecen el mayor valor al grupo.

Dar a las personas la cantidad justa de libertad para trabajar

Las personas con mal desempeño requieren mucha supervisión. Sin embargo, algunas personas simplemente odian ser vigilados. Debe identificar la cantidad correcta de supervisión que debe dar a cada persona. Es mejor dejar a algunas personas para que trabajen por su cuenta, mientras que otras se sienten mejor si el jefe o el supervisor le brindan ayuda en su trabajo.

Siga recordándoles para qué están trabajando

Debe asegurarse de que los miembros del grupo siempre estén conscientes de por qué están trabajando. En proyectos largos, es fácil olvidar la razón detrás de todo. Siempre debe ser consciente de la misión y visión de la empresa u organización. Entonces debería comunicárselo a las personas que lidera.

También debe recordarles los objetivos a corto plazo del grupo. Cuando hace esto, evita que se preocupen por todo el proyecto. Algunas personas se sienten intimidadas cuando ven la cantidad de trabajo que tienen frente a ellas. Cuando sienten ansiedad por el trabajo, su motivación y rendimiento pueden verse afectados.

Puede evitar esto haciendo que sus seguidores se centren en los objetivos a corto plazo. Esto evitará que se preocupen por tareas futuras. El trabajo del equipo de gestión es preocuparse por el panorama general.

Hacer reuniones altamente productivas

La mejor manera de comunicarse con las personas con las que trabaja es a través de reuniones. Las reuniones son útiles para mantener a todos en la misma página. Sin embargo, la mayoría de las veces, el tiempo de reunión se desperdicia con conversaciones ociosas.

Como líder, debes ser consciente de cómo el grupo usa su tiempo. Debe asegurarse de que cada reunión tenga una agenda y que el grupo cumpla con la agenda. Si existe la necesidad de establecer una buena relación, debe asegurarse de que el tiempo que ocupa sea corto.

Trabaja con los miembros de tu grupo para que sean mejores.

Usted debe trabajar activamente para aumentar el valor de los miembros de su organización. Puede trabajar con ellos para que sus habilidades, conocimientos y valor global aumenten cuando trabajan para el grupo. Si usted es el gerente, por ejemplo, debe monitorear el desempeño de cada uno de sus miembros. Debe identificar las áreas donde pueden mejorar y comunicarse con ellos sobre cómo pueden hacerlo.

Las personas generalmente abandonan las organizaciones cuando sienten que no están mejorando. Esto es común entre los empleados que buscan experiencia de las empresas para las que trabajan. Al asegurarse de que todos estén mejorando, podrá aumentar la tasa de retención de la organización. Si se quedan, se convertirán en miembros muy valiosos del grupo en el futuro.

Monitorear el progreso y reportarlo

También debe controlar el progreso del grupo para alcanzar sus objetivos. Cuando los miembros del grupo ven la cantidad de progreso que está haciendo el equipo, estarán más motivados para trabajar. Debe informar esto a los miembros de su grupo de manera regular.

Las personas se motivan cuando ven grandes avances enla finalización de un proyecto. Si trabajaron duro la semana pasada, verán buenos números de desempeño. Debe informar sobre su buen desempeño y animarlos a mejorar en la semana siguiente. Cuando el desempeño de cada miembro y del grupo está mejorando, los miembros se sentirán muy bien con lo que están haciendo y trabajarán más duro para mejorar constantemente.

Los miembros de su equipo también se motivarán cuando el proyecto esté cerca de su fin. A medida que el equipo se acerca a la finalización del proyecto, debe informar el progreso con más frecuencia para que los miembros se sientan motivados a hacerlo.

Por último, los miembros de su grupo se sentirán motivados por los plazos. Debe establecer la cantidad de tiempo correcta para que cada miembro complete su trabajo. Sin embargo, no debes darles demasiado tiempo. Cuando hagas esto, no se sentirán presionados a trabajar.

Dar crédito a quien le corresponda.
También debe reconocer a las personas que se están desempeñando bien. Debe

felicitarlos en sus reuniones para que se sientan apreciados por el grupo. También debe asegurarse de que las recompensas de la organización o de la empresa vayan a las personas adecuadas.

Los miembros se sentirán subvalorados cuando se les pasa por alto por promociones o cuando su buen trabajo no se menciona, mientras que el trabajo de otros sí. Su falta de apreciación puede llevar a la indiferencia. Esto puede hacer que salgan del grupo. Si es que no abandonan el grupo, no estarán motivados para trabajar duro.

Capítulo 6 - Cómo convertirse en un Líder

Por último, debe ejercer los siguientes métodos cuando se le da una posición de liderazgo. Estos pasos están diseñados para ayudarlo a guiar al grupo a alcanzar sus metas.

Aprende el objetivo del grupo.

Un líder eficaz siempre es consciente de los objetivos del grupo. Debe conocer los objetivos del grupo antes de asumir la posición de liderazgo. También debe hacer su investigación para conocer la cantidad de trabajo requerido para que el grupo alcance sus metas.

Mientras investiga, también debe aprender sobre los obstáculos que pueden interponerse en el camino del grupo para alcanzar sus objetivos. El objetivo de un equipo de béisbol, por ejemplo, puede ser ganar un campeonato en la liga en la que juegan. Si es usted el entrenador, debe aprender sobre lo que se necesita para ganar un campeonato. ¿Serán las habilidades de sus jugadores lo suficientemente buenas para alcanzar la meta? También debe examinar las habilidades y los registros de los equipos competidores. Esto le permitirá adivinar si los objetivos del equipo son alcanzables o no.

Aprenda las tareas básicas que deben hacerse

Al examinar los objetivos del grupo, debe enumerar los pasos que debe seguir el grupo. Los pasos deben ser sistemáticos y fáciles de entender. Si los pasos para alcanzar los objetivos son complicados, debe intentar simplificarlos para los miembros de su grupo. Cuando la tarea es demasiado complicada, algunas personas pueden sentirse intimidadas. Esto afectará la moral del grupo al principio del proyecto. Para simplificar los pasos, debe identificar las tareas principales que deben realizarse. Estas son las tareas más importantes para un proyecto. Puede identificar las tareas principales eliminando los pasos que no son necesarios para completar el objetivo.

Si el objetivo del grupo es construir una casa, por ejemplo, puede enfocarse solo en los pasos necesarios para construir las partes estructurales de la casa. En realidad, hay cientos de tareas que deben realizarse para construir una casa. Sin embargo, la mayoría de las tareas que deben realizarse no están relacionadas con la estructura. Algunas tareas son para el diseño de interiores y acabados. Algunas tareas son para el paisajismo del hogar. Si está tratando con trabajadores aficionados, pueden sentirse intimidados si incluye todas las actividades frente a ellos al mismo tiempo.

Conozca los activos de su grupo.

Después de conocer los objetivos del grupo, también debe encontrar las cualidades del grupo que aumentan las posibilidades de que alcance sus objetivos. Debe identificar qué tiene el grupo que puede ayudarle a superar los obstáculos para alcanzar la meta. Si tiene competidores para alcanzar su meta, debe comparar las capacidades de su grupo con las de ellos. En el ejército, por ejemplo, los países comparan sus capacidades militares con otros países para saber qué tan preparados están para enfrentar las amenazas. En los deportes profesionales, los entrenadores y sus asistentes exploran a los jugadores de los otros equipos. Esto les da la capacidad de comparar las habilidades de sus jugadores con las habilidades de los jugadores de otros equipos.

En los negocios, un líder necesita saber qué tan preparado está el grupo para alcanzar los objetivos comerciales. El líder debe saber si faltan algunas herramientas que serán necesarias en el proceso de negocios.

También debe identificar a los miembros de los grupos que tienen las habilidades y el conocimiento para cumplir con las tareas centrales de la meta. Si usted tiene un equipo deportivo, debetener un jugador para cada posición importante en el campo. Si tiene un negocio de restaurante, debe tener un chef que tenga la habilidad y experiencia suficiente para preparar las especialidades de su restaurante.

Al saber lo que tiene y lo que no, podrás saber qué tipo de personas necesita reclutar. También sabrá las herramientas que aún necesita obtener para que su grupo pueda alcanzar sus metas.

Ponga todas las piezas juntas.

Los líderes no solo manejan a las personas, sino que también traen personas que aumentarán las posibilidades de que el grupo alcance sus metas. Usted debe utilizar las habilidades de comunicación que aprendió de los capítulos anteriores para reclutar a los tipos correctos de personas en su grupo. Al hacer esto, no solo debe considerar sus habilidades, sino también cómo su personalidad afecta al grupo.

Por ejemplo, traer a un gerente calificado no ayudará al grupo a alcanzar sus metas más rápido si a nadie le gusta esa persona. En lugar de centrarse en sus tareas específicas, las personas estarán más centradas en la persona que no les gusta.

Además de traer a las personas adecuadas, también debe encontrar dónde puede obtener las otras herramientas que se requieren para alcanzar los objetivos del grupo. Por ejemplo, si dirige un restaurante, es posible que necesite ciertos tipos de equipo de cocina profesional para que su chef pueda funcionar correctamente. Si su restaurante carece de eso, necesita movilizar a su equipo para encontrar uno.

Conozca las limitaciones

Al intentar encontrar las piezas correctas para su grupo, usted aprenderá acerca de las limitaciones que pueden impedirle alcanzar sus metas. Es posible que algunas de estas limitaciones no lo detengan, pero pueden ralentizarlo.

Una de las limitaciones más comunes para alcanzar las metas del grupo es el presupuesto. Si está pagando a las personas en el grupo, es posible que tenga opciones limitadas al atraer a más personas. En la mayoría de los casos, también tendrá un presupuesto limitado para obtener las herramientas que necesita.

También tendrá limitaciones en otros tipos de recursos. Si es un entrenador de baloncesto en una ciudad donde el baloncesto no es popular, tendrá un número limitado de jugadores experimentados para reclutar en su equipo. Si usted se encuentra en una organización sin fines de lucro, puede tener un número limitado de voluntarios.

Su papel como líder es asegurarse de que todos sus recursos se asignen correctamente. Debe poder anticipar las limitaciones de su grupo. Si puede anticiparlos, podrá crear estrategias que le permitirán solucionar estas limitaciones.

También debe asegurarse de que la existencia de estas limitaciones no afecte la moral de su equipo. Su equipo se distraerá si permiten que estas limitaciones los afecten mentalmente. La mejor manera de evitar que esto suceda es asegurarse de tener una solución para cada nueva inquietud antes de presentarla al equipo.

Acepte las cosas que no puede controlar.

También debe anticipar que es posible que no pueda cambiar ciertos factores. Si el factor que no se puede cambiar impide que su equipo alcance sus metas, debe encontrar una manera de solucionarlo.

Si usted es el entrenador de un equipo deportivo, es común que los jugadores se lesionen en medio de una temporada de juego. Este es un ejemplo de un factor que no se puede cambiar. La mayoría de los entrenadores aficionados se rendirían en la temporada si su mejor jugador se lesionara. Un excelente líder no permitiría que este factor impida que su equipo alcance sus metas. En lugar de rendirse, los grandes entrenadores buscan inmediatamente otras jugadas que le den al equipo mejores oportunidades de ganar.

Cuando enfrente a su grupo, no debe mostrar que los factores limitantes afectan su confianza. Debe mostrar que todavía está decidido a que el equipo alcance sus metas.

Elimine los factores de distracción.

Muchos factores también tratarán de distraerle de sus metas. Una gran organización por lo general tiene múltiples objetivos.

Tomemos como ejemplo una escuela pública. El director de la escuela es el líder y él quiere que la escuela se ubique como la mejor escuela del distrito. La mejor manera de convertirse en la mejor escuela es hacer que los estudiantes obtengan una alta calificación en sus exámenes estandarizados.

Para hacer esto, el director necesita la ayuda de todos los miembros de la facultad. También necesitará la participación de todos los estudiantes que toman los exámenes. Debido a que hay cientos o incluso miles de personas involucradas, solo los mejores líderes podrán motivar a todas estas personas para que hagan lo mejor que puedan.

Al tratar de alcanzar este objetivo, el director debe tener en cuenta que varios factores pueden distraer a los jugadores clave. Las cosas que suceden en sus vidas personales, por ejemplo, pueden distraer a los maestros. Algunos de ellos pueden tener problemas en el hogar que les impidan centrarse en las tareas.

Los estudiantes también pueden distraerse. Si hay demasiadas actividades extracurriculares en la escuela, es posible que no puedan concentrarse en sus tareas. Es tarea del director encontrar formas de motivar a todas estas personas a hacer lo mejor que puedan.

Al eliminar las distracciones, podrá hacer que todos los miembros del grupo se centren en sus tareas. Si los miembros de su grupo están enfocados, podrán hacer lo mejor que puedan.

Conclusión

¡Gracias de nuevo por descargar este libro!

Espero que este libro haya podido ayudarlo a desarrollar sus habilidades de liderazgo.

El siguiente paso es aplicar los consejos y estrategias que aprendió de este libro en sus actividades diarias. No necesita estar en una posición de liderazgo para comenzar a desarrollar sus habilidades. Puede aplicar los consejos de este libro en su relación con los miembros de su familia y con sus amigos. Con el tiempo, se convertirá en un líder eficaz en su carrera y en la organización que dirige.

¡Gracias y buena suerte!

Parte 2

Introducción

El liderazgo puede significar algo diferente para todos. Para algunos, ser un líder significa tomar medidas y garantizar que, como equipo, el grupo alcance los mismos objetivos y que se utilice la fuerza de todos. Cuando alguien comienza a luchar, esta es una persona que va a intervenir y asegurarse de que se le brinda la atención adicional necesaria para tener éxito. El objetivo de esta persona es ayudar a fomentar las habilidades para que brille el grupo y para que cada una de ellas tenga éxito a largo plazo.

Otro tipo de liderazgo es la persona que hace un punto para saber todo en su departamento y asegurar que se cumplan sus demandas. En algunos casos, estas personas observan todo lo que está ocurriendo y, si ven algo fuera de lo común, se abalanzan y actúan. Si bien esto puede darles un poco de tranquilidad, tiende a ser un enfoque desagradable para aquellos que cuidan sin descanso.

El tercer tipo de liderazgo que se puede encontrar es aquel en el que la persona a cargo permite que las personas reinen libremente. Mientras todo vaya bien, no se preocupan por las operaciones diarias. Cuando surge un problema o una inquietud, se toman el tiempo para analizarlo, pero más allá de ese punto, no habrá que preocuparse por mucho más.

Dependiendo de quién sea usted, uno de estos estilos de liderazgo probablemente lo resumirá. Sin embargo, si eres nuevo en el rol o quieres mejorar el tipo de líder que eres, hay algunos consejos simples que seguirán, que están diseñados para ayudarte a convertirte en un líder más exitoso de lo que ya puedes ser.

Consejos No 1 a 5

Centrarse en la verdad

Uno de los errores más grandes que las personas cometen en los roles de liderazgo, es decirles a los empleados lo que quieren escuchar, o usar mentiras para obtener lo que quieren. No solo se revela la verdad, sino que descubrirá que pierde rápidamente el respeto de su equipo y que no harán nada para evitarlo en el futuro.

Póngase en contacto con su estilo de liderazgo

Ya sea que lo sepa o no, en realidad tiene un tipo de liderazgo. Será importante que entiendas tu estilo para que puedas ser más efectivo como líder y asegurarte de no perder el respeto de tu equipo. En algunos casos, puede encontrar cosas que puede hacer para acercar a su equipo.

Apoya a tu Personal Creativo

Cuando su personal solo juegue por los libros, nunca habrá crecimiento en su departamento. Será aconsejable fomentar la creatividad en el departamento para ayudar a que la empresa avance y garantizar que se satisfagan las necesidades de todos. Solo asegúrese de que la creatividad se mantenga a un nivel razonable y que elogie las buenas ideas.

Nunca olvides que eres un modelo a seguir

Cuando está sentado detrás de su escritorio, necesita saber que su equipo lo está observando. Si actúas constantemente de manera perezosa y haces la mitad del trabajo, tu equipo será un reflejo de ti. Será importante dar el ejemplo y asegurarse de que sus empleados sepan qué se espera de ellos y que cumpla con los mismos estándares o superiores.

Siempre muestra tu pasión

Debería tomarse el tiempo para apasionarse e invertir en su trabajo. Querrás que tu equipo te vea como una persona fuerte y capaz que ama lo que está haciendo. Esa pasión también se puede trasladar a su trabajo, ya que se enfocan más en su trabajo en el proceso.

Consejos No 6 a 10

Siempre se positivo

Una de las peores cosas que puede hacer es dejar que su actitud negativa interfiera con su trabajo. Los empleados verán esta actitud y comenzarán a distanciarse e intentarán evitarte tanto como sea posible. Si la actitud negativa continúa, los desalentará a estar tan vinculados o en la empresa y eso puede paralizar su departamento.

Bienvenidas contribuciones en su departamento

Con demasiada frecuencia, los líderes olvidan cuán importantes son las contribuciones de los demás. Será una buena idea para usted dar la bienvenida y animar a su personal a contribuir con sus ideas. Cuando funcionan y tienen sentido, asegúrate de aprovecharlos al máximo. Ver el uso de sus contribuciones animará al personal a seguir trabajando juntos y sentirse parte del equipo.

Nunca olvides la motivación

Siempre habrá personal que hará su trabajo, solo por tenerlo. Otros necesitarán ser animados para tener éxito. Será importante que se tome el tiempo para alentar al personal y reconocerlos cuando hacen un gran trabajo. Cuanto mejor se sientan, más probable será que sean mejores productores y se mantengan motivados.

Siempre prueba cosas nuevas

Una de las mejores cosas que puede hacer por su departamento es probar cosas nuevas. Si su equipo sigue golpeando una pared de ladrillos con un proceso determinado, intente encontrar una nueva forma de manejar eso. Lo que encontrará es que con un poco de esfuerzo de su parte, podrá mantenerlos interesados en su trabajo y asegurarse de que todo el procesamiento continúe simplificándose.

Nunca sobre complicar las cosas

Claro, puede que te guste lucir inteligente y sentir que puede impresionar a otros. Cuando te vuelves demasiado complejo, comienza a alienar y confundir a tus trabajadores. Una mejor opción es explicar las cosas tan claramente como puedas. Haga eso sin el uso de palabras complicadas o instrucciones largas y encontrará que obtiene mejores resultados en su departamento.

Consejos No 11 a 15

Formar equipo con otros en la empresa

La mayoría de los líderes exitosos entienden que no van a tener éxito por sí mismos. Aquí es donde la asociación con otra persona dará sus frutos. Lo que encontrará es que cuando combine sus fortalezas con sus fortalezas, podrá brillar más en la empresa y lograr un mayor grado de éxito en el proceso.

Cultiva el crecimiento de tu equipo

Los mejores líderes son aquellos que tratan de ver brillar a su equipo. Ellos son los que nutren sus talentos y se aseguran de que puedan crecer y prosperar dentro de la empresa. Un líder que puede hacer esto confía en las habilidades y entiende que el éxito del negocio no recae en una segunda persona, sino en todo el equipo.

Aprovecha el silencioso influyente

En cada compañía, hay personas que tienen una mística y una persona sobre ellos donde, si saltan a bordo, otros también lo harán. Estos son a menudo los influyentes tranquilos. Muestran su apoyo haciendo y siendo positivos. Querrá tener a estas personas de su lado y mostrarles su apoyo a largo plazo también.

Sepa lo que necesita cambiar

No se siente en su departamento y sienta que todo va bien, por lo que debería seguir igual. Así es como se detiene el crecimiento. En su lugar, piensa en silencio en las cosas que puedes cambiar y toma acción. Hacer eso te ayudará a obtener una ventaja y crear algunas estrategias nuevas que podrás usar.

Utilice las redes sociales a su ventaja

Únase a algunos sitios web de redes sociales que se centran en los aspectos profesionales de su industria. Luego observa cómo otros manejan las situaciones y obtén ideas e inspiración de ellas. Incluso puede hablar con amigos en otras industrias sobre cómo manejan su liderazgo y se inspiran en las acciones de otros. Esa inspiración puede llevarte a hacer cosas buenas.

Consejos No 16 a 20

Aproveche las conversaciones uno a uno

Muy a menudo, los buenos líderes olvidan cuán poderosa puede ser una conversación individual. Si bien hablar con un grupo está bien, llevar a cada persona aparte puede ayudarlo a tener una mejor idea de cuál es su posición. Es durante este tiempo que puede descubrir quién es fuerte en su grupo, quién se siente menospreciado y quién está listo para brillar.

Confianza de equilibrio para que no se convierta en arrogancia

Tener confianza en el trabajo que está haciendo y la información que sabe es algo bueno. Pero es importante evitar cruzar la línea y volverse arrogante. En su lugar, continúe manteniendo un nivel de humildad en su trabajo y asegúrese de que siempre entienda que incluso la persona más sabia con vida, no lo sabe todo y no hay nada de malo en eso.

Tener una visión y perseguir esa visión

Los grandes líderes tienen una visión en su mente y hacen lo que pueden para hacer realidad esa visión. Piense en cómo las cosas pueden mejorar y pasar al siguiente nivel, y luego déjese brillar en el proceso. Si bien requerirá de mucho trabajo y dedicación para que esto ocurra, el respeto que gane al tomar una visión y convertirla en una realidad será importante.

Usa tu compromiso y dedicación para inspirar

Únase a algunos sitios web de redes sociales que se centran en los aspectos profesionales de su industria. Luego observa cómo otros manejan las situaciones y obtén ideas e inspiración de ellas. Incluso puede hablar con amigos en otras industrias sobre cómo manejan su liderazgo y se inspiran en las acciones de otros. Esa inspiración puede llevarte a hacer cosas buenas.

Cuando ves a alguien que está dedicado, comprometido y apasionado por su oficio, no se puede negar lo inspirador que puede ser. Esto será importante, porque a la larga, cuanto más inspirador sea, más probable será que las personas con las que se rodean también quieran hacer todo lo posible. Esto te ayudará a llevar a tu equipo a la grandeza.

Nunca temas tomar riesgos

La mayoría de las grandes empresas solo se hicieron tan grandes como lo hicieron al tomar riesgos. Si bien la vida estará llena de apuestas, será importante que nunca tengas miedo de tomar un riesgo, especialmente si tienes una buena probabilidad de éxito. Asegúrate de arriesgarte de vez en cuando, de esa forma las personas podrán admirar los riesgos que corres y ver crecer a la empresa gracias a estos riesgos.

Consejos No 21 a 25

Saber cómo liderarte a ti mismo

Los líderes que quieren ser verdaderamente exitosos, también deben saber cómo liderarse a sí mismos. Es importante observar lo que está haciendo y concentrarse y reagruparse en su propio rol a menudo. A medida que descubra que puede liderar y dirigirse mejor, mejor podrá guiar y dirigir su propio personal.

Tú no eres el rey

Estar a cargo no significa que seas el rey o un gobernante supremo. Su éxito y fracaso dependen de su equipo y es importante que se tome el tiempo para concentrarse en ellos y tratarlos como iguales. De esa manera, estarán más dispuestos a pasar tiempo con usted y a asegurarse de que estarán a su lado cuando los necesite.

Abrazar el cambio en un momento

La vida puede cambiar en segundos y la forma en que el mundo era antes, puede que nunca vuelva a ser igual. Para tener éxito y prosperar en la vida, debe estar dispuesto a ir a este ritmo y estar preparado para cambiar las cosas cuando sea necesario. A largo plazo, tendrá éxito donde otros han fracasado a medida que continúa abrazando cada bola curva lanzada.

Siempre terminar un trabajo

Cuando comienza una tarea y la acepta, debe asegurarse de que esté terminada. Nada habla más de tu personaje que tomarse el tiempo para hacer un trabajo y luego dejarlo parcialmente terminado. Si tienes demasiado en tu plato, aprende a delegar. Cuando logras lo que se te da y cuanto más te haces, más acabarás siendo respetado.

Aprecie a su equipo

Dar las gracias y cordialidad es agradable, pero los buenos líderes saben cómo expresar un verdadero aprecio por su equipo. Aprende a agradecerles humildemente y mostrarles lo mucho que significan para ti. Podrán ver esto en sus acciones y significará mucho para ellos y estarán motivados gracias a su aprecio.

Consejos No 26 a 30

Conozca sus limitaciones y acéptelos

Nadie puede hacerlo todo y nadie espera que lo hagan. Si está tratando de liderar una pista, necesita saber dónde lucha y dónde brillan los miembros de este equipo. Aprovechar las habilidades de su equipo significará más que usted haciendo todo. Así que asegúrate de abrazar las fortalezas de cada persona que tienes de tu lado.

Aprende a reír

Los mejores líderes pueden aprender a mirar la vida y las situaciones y reírse. La vida no es tan seria como lo haces para ser. De hecho, algunos de los mejores líderes saben cuándo reír y dejar que las cosas se les caigan de la espalda. Hacer eso asegura que sean más fuertes y más capaces de tener éxito a largo plazo.

Abrazar ser Organizado

Si su vida no está organizada y su escritorio parece un desastre, nadie creerá que tiene las cosas bajo control. Recuerde, hay una percepción de cómo se ve el éxito. Usted querrá tomarse el tiempo para mirar su vida y su espacio de trabajo y asegurarse de que todo esté meticulosamente organizado. Eso te ayudará a parecer un gran líder.

Haz lo que necesites para hacer el trabajo

Cuando se trata de las partes difíciles del trabajo, un verdadero líder se involucrará y hará que las cosas sucedan. Necesitas tener una actitud positiva y hacer algo para que las cosas sucedan. De esa manera, usted será alguien con quien se puede contar y sus superiores pueden enfocarse en otras cosas, sabiendo que van a hacer las cosas.

Nunca aceptes que no puedes hacer algo

La vida está llena de obstáculos. Algunos de estos son creados por personas que te dicen que no puedes realizar una tarea o por las que crea tu mente. Desafía las probabilidades y asume riesgos. La mayoría de las veces, los obstáculos en frente de usted caerán si hace un esfuerzo honesto y se esfuerza por tener éxito.

Consejos no 30 a 35

Siempre mantenga sus ojos abiertos

Como líder, deberá observar el panorama general y saber cuándo las cosas no funcionan o cuando hay un problema. Es importante que intervenga y actúe de inmediato. Lo que encontrará es que ser proactivo y tomar medidas antes de que surjan los problemas lo ayudará a ser un líder más eficaz.

Se justo con todos

No importa si es su empleado favorito o si no le importa mucho, es importante que siempre sea justo e imparcial. Si algo sucede, no puede tratar a una persona de una manera y luego tratar a otra de manera más severa. Ganaste respeto a través de un liderazgo justo y eso te ayudará a ser más efectivo en tu carrera.

Permanecer siempre optimista

Habrá momentos en que los tiempos serán difíciles. Necesitas mirar el lado positivo de las cosas y mostrarle a tu equipo todo lo bueno que existe. Es más fácil superar los momentos más difíciles de la vida, cuando hay un enfoque en los elementos positivos, en lugar de los negativos. Acepta lo positivo y date la oportunidad de seguir adelante con la cabeza bien alta.

Tener una persona con la que pueda contar

Todo el mundo necesita un hombre o una mujer de la mano derecha para caer. Esta debe ser una persona en la que sepa que puede confiar y que se preocupa tanto por el trabajo. Cuando inviertas en ellos, estarán allí para ti y te ayudarán en los tiempos oscuros, junto con los buenos. Es importante encontrar a esta persona desde el principio y ayudar a prepararla para que ellos también puedan brillar.

Tu equipo es importante

No inviertas todo tu tiempo y energía en el trabajo solo. Recuerde que su equipo es crucial y que debe invertir en ellos. Haga tiempo para su equipo y haga cosas en grupo. Cuanto más te acerques, más éxito tendrás en el proceso. Antes de que se dé cuenta, tendrá un grupo con el que podrá contar quién confía en usted.

Consejos No 36 a 40

Escríbelo para ellos

No importa cuántas veces digas algo, la gente tendrá preguntas. Cuando tenga un plan de acción, entréguelo a sus miembros por escrito. Esto les ayudará a comprender mejor el proceso y será más probable que lo entiendan y despeguen con lo que necesitan hacer, al saberlo.

Escaparate de la empatía

La vida es dura para más personas que tú. En muchos casos, el mundo exterior afecta a su grupo. Es importante ser empático con sus situaciones y apoyarlas tanto como sea posible. Solo tenga en cuenta que es posible que deba guiarlos para que dejen de tener factores externos que influyen en cómo reaccionan en el trabajo, ya que esto les ayudará a crecer y prosperar.

Actuar de una manera decisiva

Es una buena idea sopesar las opciones en su mente antes de tomar una decisión. Una vez que tengas la decisión en mente, apégate a ella. Ser decisivo demuestra que eres capaz de pensar sobre la marcha y lograr un mayor grado de éxito. Solo asegúrese de que, al ser decisivo, permita que otros lo influyan en el proceso de toma de decisiones.

Ama a tu equipo

Tu equipo sabrá la diferencia entre tolerarlos y comenzar a sentir pasión por estar cerca de ellos. Necesitas involucrarte emocionalmente con el equipo y convertirte en un sólido defensor de ellos, ayudándoles a crecer y prosperar. Esto tendrá un impacto duradero y esa pasión y apoyo se traducirán en trabajadores más efectivos.

Deja que tu equipo tenga el crédito

Todos amamos nuestro tiempo bajo el sol y solo ser un líder hablará mucho sobre usted. Es importante que deje que su equipo tenga sus momentos para brillar y les permita disfrutar del crédito que se han ganado legítimamente. Ser capaz de dar un paso atrás te hará ganar el respeto de tu equipo, junto con aquellos con los que te rodeas.

Conclusión

La oportunidad de convertirse en un líder es algo que debe aceptar y debe continuar mejorando y apoyando sus habilidades de liderazgo natural. Solo asegúrese de tener en cuenta que habrá dos tiempos buenos y malos como líder y que será importante que continúe avanzando y continúe con estos tiempos.

Mientras tenga en mente los consejos mencionados anteriormente, debe tener la ventaja como líder. Tenga en cuenta que siempre habrá momentos en los que sentirá que no está haciendo su mejor trabajo o que hay algunos cambios que puede sentir que debe hacer. Será importante que entiendas que esas ideas están en tu mente y, con mayor frecuencia, no se basan en la realidad.

En su lugar, permita que el éxito de su equipo y departamento sea un indicador de su desempeño. Después de todo, serán sus acciones y éxitos los que serán un reflejo de quién eres como líder. Cuando tengan sus momentos y brillen, comenzarás a descubrir que realmente crees en quién eres.

El mundo de los negocios siempre está evolucionando y creciendo y necesita estar preparado para cambiar con él. Sigue estos consejos y utilízalos como herramientas que te ayudarán con tu éxito a largo plazo. Acepte todo lo que tienen para ofrecer y deje que cada consejo se convierta en parte de lo que lo convierte en un mejor líder para su departamento, junto con la empresa en la que está trabajando. Con el tiempo, habrá creado una nueva imagen positiva para usted y eso aumentará las oportunidades que tendrá en el futuro en la empresa en la que se encuentra ahora y en toda la industria.

www.ingramcontent.com/pod-product-compliance
Lightning Source LLC
Chambersburg PA
CBHW070031040426
42333CB00040B/1529